허둥지둥

이태규 제6시집

허둥지둥

이태규 제6시집

도서출판 명성서림

시인의 말

삶의 광산에서
허둥지둥 캐낸 광석 중에서
황금단시를 골라 여섯 번째 시집으로 엮는다.

2023년 새해에
지록당에서

1부

해

허둥지둥

1.
그때 일어날 일은 그때가 되어야 알 수 있다

허둥지둥

2.

시인은 볼 수 없어도 시집에서 발자국으로 볼 수 있다

허둥지둥

3.
준 사람은 몰라도 받은 사람은 생생하게 기억한다

허둥지둥

4.

스스로 일어나 걷게 하는 것이 재활이다

허둥지둥

5.

지식이 행동까지 이어질 때만 가면을 벗는다

허둥지둥

6.

갈등은 추억이 되고 추억은 그리움으로 남는다

허둥지둥

7.

왜 그때는 몰랐을까, 슬픈 사람이 나 슬프오, 할까?

허둥지둥

8.
따뜻할 때는 잠이 잘 오지만 뜨거우면 잘 수 없다

허둥지둥

9.
그대는 아직 파도에 누운 조각배처럼 위태로워요

허둥지둥

10.
길 잃은 바람도 고향길엔 쉬어간다

허둥지둥

11.

살면서 별 저항을 받지 않고 산다고
안심할 일은 아니다

허둥지둥

12.

모든 생명체는 한쪽은 생명과
다른 한쪽은 관계라는 끈에 연결되어 있다

허둥지둥

13.
실패한 사람의 대부분은 인색한 사람이다

허둥지둥

14.
고난은 실없이 그대로 지나가지 않는다

허둥지둥

15.

낯은 옥 갈면 쓸 수 없지만,
옥가는 게 두려워서 갈지 않으면 오직 녹슬 뿐이다

허둥지둥

16.

도전하면 실패과 성공 두 길이 있지만,
도전하지 않으면 오직 실패 뿐이다

허둥지둥

17.

주먹을 쥐고 있을 때는 손바닥을 볼 수 없고,
손바닥을 펴고 있을 때는 손등을 볼 수 없다

허둥지둥

18.
무심한 듯 다정하고 다정한 듯 무심한 것이
참 좋은 육아법이다

허둥지둥

19.
첫눈은 녹을 듯 말 듯 싱겁게 녹아 버린다,
첫눈은 숫처녀의 가슴이다

허둥지둥

20.

자신에게 말을 걸어오는 사람은 고마운 사람이다,
자기가 낯선 사람에게 말 걸 때를 생각해 보면 안다

허둥지둥

21.
삶이란 많은 사람들이 그려놓은 밑그림에
자신을 그려 넣는 일이다,
감사하는 마음이 있을 때만 알맞은 틈새가 생긴다

허둥지둥

22.

좋은 친구 한 사람을 얻는 것은
백 권의 책을 읽는 것보다 낫고,
어려운 이웃을 돕는 것은 천 번의 기도보다 낫다

허둥지둥

23.

남의 것을 탐하지 말라는 어버이 말씀이 기억나서
아침마다 떠오르는 햇살에 마음을 씻는다

허둥지둥

24.

사는 걸 왜 그렇게 어려워 해, 사는 거 별거 아니거든,
그럭저럭 살다 보면 아름다운 추억도 쌓이게 되는 거지

허둥지둥

25.

아름다운 꽃을 보면
아름다운 사람들의 발길이 머문다,
나도 사람들이 머무는 아름다운 꽃이 되고 싶다

허둥지둥

26.

정원사의 마음대로 구부리고 잘라내고 접붙이지만
더러는 정원사의 의지와 관계없이 가지가 자라난다

허둥지둥

27.

살다 보니 알게 됐네,
가족끼리 알콩달콩, 이웃끼리 오순도순,
네가 행복해야 내가 행복했네

허둥지둥

28.

우리들에게는 살면서 이해할 수 없는 일이 일어난다

허둥지둥

29.
나뭇가지가 밤새 내린 눈을 이기지 못하고 부러질 때,
뚝 하고 소리 내면서 부러지는 것은
그만큼 참았기 때문이다

허둥지둥

30.

코로나 때문에 나갈 수도 없네, 만날 수도 없네,
홀로 지내며 생각하네,
소소한 일상이 행복이었다는 걸

허둥지둥

31.
고양이가 납작 엎드리면
개는 공격하는 줄로 알고 엉엉거리고,
개가 바짝 엎드리면
고양이는 놀자고 가다가 쫓겨난다

허둥지둥

32.
이슬비는 잡초에게 주는 축복이다

허둥지둥

33.
꽃잎은 시들면 저절로 떨어진다.
어리석은 자들은 악의 꽃이 영원할 거라고 믿는다

허둥지둥

34.

연애가 필수라고 했니?
결혼이 선택이라고?
결혼이 서로 구속이라고?
해보기나 하고 말들 해

허둥지둥

35.

아주 가끔 생각이 나요,
자주는 아니고 가끔요,
떠다니는 꿈같이요

허둥지둥

36.

구름이라고 웃음이 없겠습니까?
껄껄껄 웃더니 눈물도 흠뻑 쏟아내네요

허둥지둥

37.

할머니 할아버지는 살아서도 죽어서도
자식 손주 곁을 떠나지 못한다,
죽은 새끼돌고래를 옆에 달고 다니는
어미 돌고래처럼

허둥지둥

38.
'외로워하지 마세요, 내가 가족이 되어드릴게요'
라는 말보다
'외로워하지 마세요, 내가 가족 이예요'
라는 말이 더 좋다

허둥지둥

39.
빨래는 말리면 그만이라는 남편과
말리고 나서도 고와야 한다는 아내가 입씨름 중이다

허둥지둥

40.
좁게 판 깊은 우물에서 길어 올린 물이 순수하다

허둥지둥

41.

빨리 와요, 빨리 와요,
행복이 파도치는 꿈을 꾸는 이곳으로
누군가를 불러봐요

허둥지둥

42.

인생 억울할 것 하나도 없더라,
잘 나가던 그 양반이나 못 나가던 나,
종국에 가보니 그 양반이 그 양반

허둥지둥

43.

내가 세상의 것들에게 욕심을 부렸더니
누군가가 내 것에게 욕심내고 있었고,
내가 세상의 것을 미워했더니
누군가가 나를 미워하고 있었다

허둥지둥

44.

농작물은 사람이 되기 위해서 밭에서 자란다

허둥지둥

45.

친구를 만났다.

친구가 친구라며 내 친구를 데리고 왔다,

서로 돌고 돌다 오늘 세 사람이 만났다

허둥지둥

46.

고추의 본래 맛은 매운 것이지만
맵기만 하면 고추가 아니지.
달콤한 아스라한 맛까지 있어야 제격이지

허둥지둥

47.
가족은 감성이 지배하는 경우가 많고,
타인은 이성이 지배하는 경우가 많다

허둥지둥

48.

세상에서 가장 아름다운 얼굴은 웃는 얼굴이다

허둥지둥

49.

상처를 받는 것은 자신의 천성일 때가 많다

허둥지둥

50.

옛날에는 효자 3년 못 간다는 말이 있었지만,
효자 3개월 못 간다는 말로 바꿀 때가 되었다

허둥지둥

51.
자신이 자신의 결점을 알면서 고치지 못하는 것은
철저한 뉘우침이 없기 때문이다

허둥지둥

52.

얻는 것이 있으면 잃는 것도 있다더니
요즈음엔 얻는 것도 없는데 잃을 것만 있네

허둥지둥

53.
특별한 일도 아닌데 자존심이 상하게 되는 것은
자신을 특별한 존재로 생각하기 때문이다

허둥지둥

54.
자연의 속도로 걸을 때만 자연을 만날 수 있다

허둥지둥

55.

홀로 날아가는 기러기를 바라보지 마라,
홀로 바라보면 더 외로워진다

허둥지둥

56.

이슬방울은 지구상에 있는
모든 것들의 공동 우물이다

허둥지둥

57.
너 같으면 자식을 비탈길로 가라고 권하겠나?

허둥지둥

58.

순기능보다 역기능이 더 많다는 것을
알면서도 하려고 하는 것은 고집이다

허둥지둥

59.
수양이란 허약한 마음에 여물을 먹이는 일이다

허둥지둥

60.

오른손이 부실하면 왼손을 다치기 쉽다

허둥지둥

61.
말 한마디 글 한 줄이 자신을 바꿀 수 있다

허둥지둥

62.

양귀비꽃은 보는 사람이 없어도 아름답다

허둥지둥

63.

암과 앎이 같은 소리로 읽히는 것은
극단에서야 참삶을 깨닫게 되기 때문이다

허둥지둥

64.
개가 제일 듣기 싫어하는 말은
'개만도 못한 놈'이란 말이다

허둥지둥

65.
사과하는 마음속에는 죄송함이라는 마음이 들어있다

허둥지둥

66.

하루살이는 목이 타서 그늘에서 날지,
중천에 뜬 해가 보기 싫은거야

허둥지둥

67.
새무리 중에서 제일 늦게 나는 새가 어미 새다

허둥지둥

68.

잘못했다는 말속에는
잘하겠단 결심이 포함되어야 한다

허둥지둥

69.

허수아비는 바람이 불어야 살아나지만,
그 공을 모른다

허둥지둥

70.

얼마나 어리석으면
죽은 가지를 심어놓고
꽃 피기를 기다릴까?

허둥지둥

71.

전쟁을 겪은 군인에게는
아름답게 핀 진달래꽃도
복병으로 보일 때가 있다

허둥지둥

72.
믿음 속에는 의심이 숨어있다.
완전한 믿음을 얻기까지는 진실한 노력이 필요하다

허둥지둥

73.
아주 친절한 말이 누구에게는 유익할 수 있지만,
누구에게는 오해가 될 수있다

허둥지둥

74.

가장 큰 기쁨은 슬픔 속에도 있다

허둥지둥

75.
눈은 급한 성격을 가졌고 손은 느긋한 성격을 가졌다

허둥지둥

76.

우매한 사람일수록
자신이 바라본 쪽으로만 말하기 쉽다

허둥지둥

77.

말을 거는 것은 믿는다는 뜻이 포함되어있다.

허둥지둥

78.

물건의 뒤편에 그림자가 있듯이
사람의 뒤편에도 그림자가 있다

허둥지둥

79.

핍박을 받는 사람은 한때 고통스럽지만,
얼마의 시간 뒤엔 충분한 보상이 따라온다

허둥지둥

80.
무언의 행동은 말보다 더 큰 힘이있다

허둥지둥

81.
가장 큰 울음은 눈물이 동반하지 않는다

허둥지둥

82.

이익만을 쫓는 사람은
보이지 않는 손해를 보지 못한 탓이다

허둥지둥

83.
하느님이 우리에게 행복을 주었다는 증거는
서로의 마음이 보이지 않게 한 것이다

허둥지둥

84.

눈물 속에 있는 마음은
모두 슬픈 마음만 있는 건 아니다

허둥지둥

85.
책 속에는 지식은 있지만 지혜는 없다

허둥지둥

86.
나쁜 선택은 없다, 결과가 다르게 나타날 뿐이다,
결과에 대한 절반의 책임은 자신에게 있다

허둥지둥

87.
남을 돕는 일이 자신을 돕는 일이라고 깨달을 때
쉽게 남을 도울 수 있다

허둥지둥

88.
종이로 주고받는 표창장은 허세일 때가 많다.
진정한 표창은 존경심에서 시작된다

허둥지둥

89.
배곯아서 망가진 사람보다
마음으로 망가진 사람이 더 많다

허둥지둥

90.

날씨가 춥다고 마음이 같이 추울 필요는 없다.
가슴 따뜻한 일은 추운 날씨에 더 빛난다

허둥지둥

91.
남과는 큰 것으로 싸우고 부부는 작은 것으로 싸운다

허둥지둥

92.

과거는 지금이 만들었고 미래도 지금이 만든다.
그래서 지금 행복을 못 찾으면 영원히 행복할 수 없다

허둥지둥

93.

스스로 욕심 속으로 들어 간 사람은
스스로 걸어 나오기는 어렵다

허둥지둥

94.
모든 실패는 욕심으로부터 시작된다

허둥지둥

95.
남을 용서하지 못하는 아픔만큼 자신도 아프다

허둥지둥

96.
젊었을 때는 욕심과 의욕을 혼동하기 쉽다.
의욕은 합리적 사고를 기초로 한다

허둥지둥

97.
직원에게는 믿고 맡기는 게 좋다,
조바심을 내봐야 달라지는건 하나도 없다

허둥지둥

98.
부부란 변화하는 환경에 함께 변해야 하는 존재다

허둥지둥

99.
누군가를 돕겠다고 함부로 나섰다가는
낭패를 당하기 쉽다

허둥지둥

100.

자신이 다른 사람과 다르다고 생각할 때
실패하기 쉽다.
같음을 아는 사람이 앞서간다

허둥지둥

101.
감동을 줄 수 있는 사람이 감동을 받는다

허둥지둥

102.

아무리 좋은 목표를 세우더라도
목표에 도달하기 어려운 것은
현재를 기준으로 목표를 세우기 때문이다

허둥지둥

103.
약속시간을 지키지 않는 사람은
함께 쓰는 타인의 시간을 간과한 탓이다

허둥지둥

104.

배운다는 것은 깨닫는 것이다,
깨닫기란 겸손해지는 과정이다

허둥지둥

105.
교육은 여유와 기다림이다, 말보다 큰 교육은 행동이다

허둥지둥

106.
집은 몸이 쉬는 곳이다.
집 속에 집은 깊을수록 좋다

허둥지둥

107.

부모 눈에는
남의 자식들이 잘하는 것만 보이고
자식들 눈에는
남의 부모 잘해주는 것만 보일 때가 많다

허둥지둥

108.

가난 속의 사랑은 인격을 키운다

허둥지둥

109.

산은 점점 멀어질수록 더 검은색이 된다,
산은 그대로인데
내 눈이 그곳에 미치지 못하기 때문이다

허둥지둥

110.
갈등 하지 않으면 지혜가 생기지 않는다

허둥지둥

111.

가장 큰 행복을 주는 사람은
혼자 걸어갈 때 말을 걸어주는 사람이다

허둥지둥

112.

세상에서 가장 어리석은 사람은
상대방이 속고 있다고 생각하는 사람이다

허둥지둥

113.

진정 똑똑한 사람은
자신이 얼마나 부족한 사람인지를 아는 사람이다

허둥지둥

114.

잔소리에 귀 기울이는 젊음은 최고의 겸손이다

허둥지둥

115.
보통사람들의 보편적인 생각이
세상을 지배할 때 평화롭다

허둥지둥

116.

입속의 혀는 진정성의 시간이며
입을 열고부터의 시간은 자신의 시간이다

허둥지둥

117.
묶을 때 풀 것을 생각하는 것이
큰일을 당하기 전에 생각할 일이다

허둥지둥

118.

엄마라는 말은 듣기만 해도 눈물이 나는데
시어머니란 말과 며느리란 말은
같은 여자를 부르는 말인데 왜 눈물이 나지않을까?

허둥지둥

119.
노인의 병은 외로움이다,
외로움의 치료 약은 소통이다

허둥지둥

120.

먹어도 먹어도 질리지 않는 음식은 있지만,
보아도 보아도 질리지 않는 사람은 세상에 없다

허둥지둥

121.
상대방에게 먼저 다가가는 사람이 착한 사람이다,
대신 먼저 상처받기 쉽다

허둥지둥

122.

희망을 버린 사람이
성공했다는 말을 들어보지 못했다,
성공한 삶이란 희망을 버리지 않은 삶이다

허둥지둥

123.

괴변이란 말은 보편성이나
객관성을 잃은 말을 말하며
그 보편성이나 객관성은
오랜 역사가 경험한 결과이다

허둥지둥

124.

자신이 다른 사람보다 낫다고 생각하는 사람은
보통사람의 행복을 포기한 사람이다

허둥지둥

125.

손바닥 크기에 비례하여 복이 찾아온다,
손바닥 크기는 지식으로 얻을 수 있는 게 아니다

허둥지둥

126.

결혼대상자는 얼굴은 적당하면 되고
여유 있고 양보하는 성격이면 된다

허둥지둥

127.
파리가 두 손을 비비기에
지난 일을 사과하는가 했더니,
밥 위에 바로 올라간다

허둥지둥

128.

성공이란 자신의 일을 정직하게 완성하고
스스로 느끼는 성취감이다

허둥지둥

129.

유식하고 지체 높은 사람보다

비록 그렇지 못하더라도

다정하고 지혜로운 사람이 더 기쁨을 준다

허둥지둥

130.

기쁨 뒤에 오는 죽음은 없지만
슬픔 뒤에 오는 죽음은 있다

허둥지둥

131.

우리는 상대방을 알려고 하기 보다는
상대방을 잘 안다고 생각하기 쉽다

허둥지둥

132.

결혼생활에서 필요한 건
가벼운 사랑의 표현보다 속 깊은 정이다

허둥지둥

133.
노후에 돈 없고 아프기까지 할 때가 가장 슬픈 일이다

허둥지둥

134.

아궁이에 나무를 때면 굴뚝에서 연기가 나지만,
연탄을 때면 아지랑이가 핀다

허둥지둥

135.
하루하루가 소중하다고 느끼는 것은
70쯤은 되어야 알게 된다

허둥지둥

136.

파가 겨울을 났다고 냉이가 되지는 않는다

2부

달

허둥지둥

137.

인기가 빠져나간 후에도
자신이 인정받게 하는 것은 자신이다

허둥지둥

138.
외로워야 그리워진다.
모든 것이 자신에게서 발현되기 때문이다

허둥지둥

139.
상처는 자신을 용서하여야 소멸 된다

허둥지둥

140.

일의 성격에 따라 성공기가 다르다,
희망을 버리지 말아야 할 이유다

허둥지둥

141.

신뢰가 깨지면 소박한 사람이 먼저 넘어진다

허둥지둥

142.

삶 중에 가장 슬픈 눈물은 아기가 닦아낸 눈물이다

허둥지둥

143.

소복이 쌓인 첫눈 위에는 천진함이 쌓인다

허둥지둥

144.

산에 올라가면 산 아래 풍경을 볼 때가 예쁘고
산 아래에서는 산 위를 볼 때가 예쁘다

허둥지둥

145.
남편은 현실을 아내는 낭만을 생각하기 쉽다,
그것을 서로 이해하지 못하면서부터 갈등이 시작된다

허둥지둥

146.

누군가를 돕는다는 것은 자신을 돕는 일이다,
도움을 주고받는 일은 인간이 받은 가장 큰 축복이다

허둥지둥

147.
세차게 부는 바람도 멈춰 서고 싶은 언덕이 있다,
언덕도 그 바람이 고마울 수 있다

허둥지둥

148.

일류가 되는 길은
남의 지식보다 지혜를 받아들일 줄 알 때 가능하다

허둥지둥

149.
속마음과 생각의 공간이 넓을수록 불행하다

허둥지둥

150.

자신의 말이 얼마나 억지인가를 아는 것이
지성이고 모르는 것이 몰염치이다

허둥지둥

151.
사람들은 힘 안 들게 살겠다고 돈을 번다,
돈을 많이 벌고 나면 더 힘든다

허둥지둥

152.

평범하게 사는 것이 행복이라고 말하고
등산하면서 앞에 올라가려고 한다

허둥지둥

153.
반성이란 자신의 행동까지 바꾸는 것을 말한다,
말뿐인 반성은 하나 마나 한 일이다

허둥지둥

154.

평범한 가정은 평범한 생각에서 생긴다

허둥지둥

155.
밝음 속에도 어둠이 있다

허둥지둥

156.

부모님께 받은 큰 것은 작아 보이는데
자식에게 받은 작은 것은 커 보인다

허둥지둥

157.

봄은 누구에게나 온다.

그러나 아름다운 봄은 누구에게나 오지 않는다

허둥지둥

158.
물레방아는 시냇물이 떨어지면 멈춰 선다,
인생도 물이 떨어지기 전을 대비해야 한다

허둥지둥

159.

보고 아는 삶이 작은 삶이라면
보이지 않게 배운 삶이 큰 삶이다

허둥지둥

160.

말하고 사는 것보다 말하지 않고 사는 것이 더 힘들다

허둥지둥

161.
힘든 과정이 없는 보람은 없다,
비를 맞으며 그대를 마중한다

허둥지둥

162.
자식을 키울 때는 키우기에만 집중했는데
손주가 생기니
그 아기가 살아갈 세상까지 생각하게 된다

허둥지둥

163.

자식을 이기는 아버지는 있지만,
손자를 이기는 할아버지는 없다

허둥지둥

164.

같은 재료라도 요리하는 사람에 따라
그 맛이 다르듯
말도 하는 사람에 따라서 달라진다

허둥지둥

165.

많은 사람을 만나는 것이 복이다,
그 중 진실한 사람을 많이 만나는 것은 축복이다

허둥지둥

166.

행복이란 고난과 비교될 때 느끼는 가치이다

허둥지둥

167.

결혼은 일생 중 가장 큰 보폭이고
이혼은 가장 무거운 발걸음이다

허둥지둥

168.

결혼하고 자식을 낳고 사는 것이
인간이 받은 가장 큰 축복이다

허둥지둥

169.

사람들은 타인과 닮기 위해서
그가 쓰는 모자와 향수를 뿌리지만
그 향수는 늘 같은 향을 내주지 않는다

허둥지둥

170.

부모가 행복인지 불행인지 따지지 않고
고단하게 일하는 것은
자식을 향한 삶이기 때문이다

허둥지둥

171.
쓰레기 속에는
그 사람의 생활 그림자와 뒷모습이 들어있다

허둥지둥

172.

희망이란 부슬부슬 무너지면
다시 보수해야 하는 흑담장 같은 것이다

허둥지둥

173.

인생에 불필요한 발걸음은 없다,
그 발걸음 하나하나가 그 사람의 일생이기 때문이다

허둥지둥

174.

상처는 자신의 확장된 감정기억이다,
절반은 자신을 용서하여야 해소된다

허둥지둥

175.

많은 지식을 갖고 산다는 것은 불행한 일이다,
행동하지 못하는 수치심이 동반하기 때문이다

허둥지둥

176.

같은 돌길을 걷는다 해도
사람마다 그 충격은 다르게 느껴진다.
신고 있는 신발이 다르기 때문이다

허둥지둥

177.
문고리 안에 고민 없는 집은 없다,
거울 앞에 서면 자신보다 핑계가 서 있다

허둥지둥

178.

글을 읽을 때 그 글의 내용을 생각하기 전에
누가 쓴 글이냐를 따지는 것은 어리석은 생각이다

허둥지둥

179.
나이를 먹어가는 것은
자신의 인생을 변화시켜주는 과정이다

허둥지둥

180.

뭐니 뭐니해도 오래 사는 것이 행복이다.
늘 건강하게 오래 살 궁리를 해야한다

허둥지둥

181.

응당 비가 오고 눈이 올 거라면
맞는 것이 현명하다,
그곳이 자신이 설 곳이다

허둥지둥

182.

대나무 숲 주변에는 굽은 대나무도 자라지만
숲속에서는 곧은 나무가 많다

허둥지둥

183.

가난하다고 감정까지 가난할 필요는 없다,
사람들이 보이지 않는 곳에 숨어있을 필요는 더욱 없다

허둥지둥

184.
누군가를 애틋하게 사랑해 보지 않은 사람은
애틋한 사랑을 받을 자격이 없다

허둥지둥

185.

행복은 늘 문 앞에 와 있다,
그걸 잘 모르는 것이 불행이다

허둥지둥

186.

백지장도 맞들면 낫다는 말이 있지만
때로는 혼자 들 때가 더 가벼울 때도 있다

허둥지둥

187.

성당이나 절에서 기도할 때나 제사 지낼 때
촛불을 켜는 것은
기도하는 마음을 밝히기 위함이다

허둥지둥

188.
개구리가 기어 다닌다고 두꺼비가 되지 않는다.
인생은 자신의 태생을 극대화하는 과정이다

허둥지둥

189.

부처님 가운데 토막이라는 말은 있는데
왜 예수님 가운데 토막이라는 말은 없는지 궁금하다

허둥지둥

190.

좋은 상품 하나가 그 나라를 키우고
존경받는 한 사람이 그 나라를 세운다

허둥지둥

191.

거짓말은 처음에는 달콤함으로
빨리 효과가 나타나지만
얼마 되지 않아 비극으로 끝나고 만다

허둥지둥

192.

자식에게 허망을 쫓게 하지 마라,
길은 멀리에도 있다

허둥지둥

193.

거짓으로 흘린 눈물은 얼마 되지 않아 지워지지만,
소박하고 순수함으로 흘린 눈물은
지우려 해도 좀처럼 지워지지 않는다

허둥지둥

194.

욕하는 자의 머리맡에는 늘 근심이 놓여있고
칭찬하는 자의 머리맡에는 늘 웃음이 놓여있다.

허둥지둥

195.
파리도 염치는 있다,
먹는 밥에 앉았다가도 내 숟가락이 가면
제 밥 아닌 것 알고 얼른 날아간다

허둥지둥

196.

마비된 손발이 아픈 것은 행복을 알리는 신호이다

허둥지둥

197.
누구나 골 깊은 곳에 인격을 간직하고 있다,
인격살인만 하지 않는다면
싸울 때 실컷 싸워야 화해도 쉽다

허둥지둥

198.
육신은 정신을 수양시키기 위해 희생당하는 도구이다

허둥지둥

199.

어른이란 말속에는 교과서라는 말이 포함되어있다

허둥지둥

200.

눈으로 먹는 것보다 입으로 먹는 게 더 좋다

허둥지둥

201.

비우는 것이 채우는 것보다 어려운 것은
비우는 것 속에는
또 다른 채움이 있어야하기 때문이다

허둥지둥

202.

만나서 한 일은 헤어지고 나서 생각난다,
헤어지고 나서 아무 생각이 나지 않는다면
그 만남은 큰 의미가 없다

허둥지둥

203.

좋은 인간관계란
자기 가까이 있는 사람을
소중하게 생각하는 일이다

허둥지둥

204.
잘 돌아가는 기계는 잡소리가 없다.
중고기계라도 정비가 잘되면
새 기계를 대신할 수 있다

허둥지둥

205.

상대방의 말을 인정하면서 자신의 주장을 펼 때
가장 큰 설득력을 얻는다

허둥지둥

206.

상대방의 주장이 궤변이라 하더라도
일말의 타당성은 있을 수 있다

허둥지둥

207.
농사를 짓다 보면 날카로운 성격이 무뎌지고
급한 성격이 느긋해지며
깔끔했던 성격이 털털해진다,
농사가 선생님이다

허둥지둥

208.

잘못된 습관을 고치면 다른 사람을 감동시키지만,
잘못을 하지 않고 잘 살아가면 자신을 감동시킨다

허둥지둥

209.

정신이 나에게 운동을 하게 시키는 것은
정신이 몸에 머물게 해준 것에 대한
최소한의 감사 표시이다

허둥지둥

210.

타인이 누리는 안락함을 비판하기는 쉽지만,
그 사람이 그 날까지의 수고를 보기는 쉽지 않다

허둥지둥

211.

타인의 고통 외면하기는 쉽지만,
자신의 감정까지 외면하기는 쉽지 않다

허둥지둥

212.

남의 허물보다
자신의 허물을 먼저 볼 줄 아는 사람이
강한 사람하다

허둥지둥

213.
절실할 때만 궁리가 생긴다,
궁리가 실천되면 세상을 바꾸는 큰 힘이 될 때가 있다

허둥지둥

214.

정이 많다는 것은 의타심도 많다는 뜻이다

허둥지둥

215.

하기야 하늘로 향한 뿔을 어디에 쓰겠는가,
평생 그 뿔만 믿고 살았으니
이젠 고집 센 늙은이라 하는구나

허둥지둥

216.

인간은 발돋움하기 위해서
한두 번의 비굴한 시간을 보낼 수가 있다.
그러나 그것은 성공하더라도
지워지지 않고 비굴로 남는다

허둥지둥

217.
사랑은 받는 것보다 주는 것이 어렵다

허둥지둥

218.

정당한 과정을 갖지 못한 결과는
늘 그 정당성에 비판을 받기 마련이다

허둥지둥

219.

친하게 지내는 사이 예상치 못하는 답변이 나올 때
배신감을 느낄 수도 있다

허둥지둥

220.

사람들은 짐승들이
자기 뜻대로 해줄 거란 믿음만큼 어리석다

허둥지둥

221.
인간관계에서 가장 나쁜 버릇이
대화 중에 딴전 피우는 것이다,
자신의 인격을 좀먹게 하는 버릇이다

허둥지둥

222.

포기라는 말속에는 행복이란 씨앗도 함께 자란다

허둥지둥

223.

인연이란 하늘이 만들어주는 것이 아니라
자신이 만들어가는 일이다

허둥지둥

224.

여행은 가장 큰 학교에 입학하는 일이다.
자신의 성적은 새로운 환경에 대한 반응이다

허둥지둥

225.

결정력이 빠른 사람은 적응도 빠르지만
실패할 가능성도 높다

허둥지둥

226.

친구란 기억할 만한 이야기들이
쌓아가는 사이를 말한다.
그래서 부모 자식의 관계가
가장 좋은 친구가 되기 쉽다

허둥지둥

227.
자유여행의 목적지는 멈추는 곳이다

허둥지둥

228.

남을 미워하는 말을 하는 사람의 말은
들어주되 맞장구치지는 말아야 한다

허둥지둥

229.

외모에 충실한 사람은 실용성에 소홀하기 쉽고
실용성에 충실한 사람은 외모에 소홀하기 쉽다

허둥지둥

230.

세상이 살만한 것은 내가 어떤 사람을 믿은 만큼
그 사람이 나를 믿어주던지,
어떤 사람이 내가 믿어준 것보다
훨씬 더 많이 믿어준다는 것이다

허둥지둥

231.

우리들은 조상들이 깔아 놓은
평지 위에 서 있는 것이다,
행복할 책임은 우리 스스로에게 있다

허둥지둥

232.
갈등은 결코 나쁜 일만은 아니다.
스스로 순화 할 수 있는 순기능을 가지고 있다

허둥지둥

233.

사자가 독초를 먹고 속을 비워내고
호랑이는 풀을 뜯어 먹고 마음을 달랜다

허둥지둥

234.

행운은 그 사람의 마음가짐을 보고
머물까 떠날까를 결정한다

허둥지둥

235.

추억이란 지나간 기억이 아니라
지금 살아있는 영혼이다

허둥지둥

236.

친구란 내 마음을 모두 알아주는 사람이 아니다,
절반 정도만 받고 절반만 주면 되는 존재다

허둥지둥

237.

사마귀가 부라린 눈으로 깜박이지 않고
나를 노려볼 수 있는 것은
7번의 탈피 덕분이다

허둥지둥

238.

삶은 많은 사람에게 필요한 게 아니고
단 한 사람 자신에게 필요한 것이다

허둥지둥

239.
폭력은 인간에게 준 가장 나쁜 행동이다,
그 폭력을 버리는 것이 수양이다

허둥지둥

240.

한번 묻지 않으면 평생 수치스러울 수 있다.
모르는 것을 묻는 것은 용기이다

허둥지둥

241.

무심코 돌아다보니 나는 살아있다,
기쁨보다 먼저 간 친구들이 그립다,
체한 듯 가슴이 막힌다

허둥지둥

242.

나는 내가 위로받기 위하여
씻고 반죽하고 메치고 자르고 물을 뿌린다

허둥지둥

243.

그리움이 깊어지는 말
어렝이 배동 남포 낟가리 지렁

허둥지둥

244.

태양은 바다를 뻘겋게 생채기 내놓고야 밤길을 간다

허둥지둥

245.

이로운 것보다 해로운 것이 더 많은데도
과학이라는 옷을 입고 다니는 것들에게
우리는 속고 살 때가 많다

허둥지둥

246.

젊은이는 속과 겉이 튼튼해야 하지만
노인은 속이라도 튼튼해야 한다

허둥지둥

247.
소중한 게 무언지 모르고 사는 것이 인생이다

허둥지둥

248.

고난이 고통이 아니고 경험이 될 때
자신을 성장 시킨다

허둥지둥

249.

강이 누구의 눈치도 보지 않고 출렁이는 것은
자신을 믿기 때문이다

허둥지둥

250.
백년해로 할 수 있는 힘은
싸우는 기술보다 화해하는 기술에서 나온다

허둥지둥

251.
깊은 산속에 들어갈수록 삶이 한가해질 수 있다

허둥지둥

252.

나뭇잎이 폭풍우를 방울방울 받아내는 것은
삶의 처철함을 알기 때문이다

허둥지둥

253.

어리석은 사람은
지금 자신이 어디에 서 있는지 모르는 사람이다

허둥지둥

254.

자신의 문제는 자신 이외의 사람이
결정하거나 포기할 수 없다

허둥지둥

255.
단순할수록 행복에 가깝게 서 있는 것이다

허둥지둥

256.
정말 사랑한다면 이런저런 눈치볼 일은 아니다

허둥지둥

257.
자신을 위기에서 구하는 방법은 사전 준비뿐이다

허둥지둥

258.

축구경기는
둥근 공 모양 때문에 변수가 많이 일어난다

허둥지둥

259.

겨울 한복판에서 찾아 오는 강추위는
미워할 수가 없다

허둥지둥

260.

늙어보니 이제야 사는 게 어렵다는 걸 알 것 같다

허둥지둥

261.

계곡은 능선을 보고
능선은 계곡을 보고 부러워하며 산다

허둥지둥

262.

몸이 진 빚은 몸이 스스로 갚진 못하지만,
마음이 아주 오랫동안 갚는다

허둥지둥

263.
생각은 머리에 살고 마음은 가슴에 산다

허둥지둥

264.

체면 때문에 하는 말은 허세일 때가 많다

허둥지둥

265.

몸이 어리다고 마음 까지 어릴 필요는 없고
몸이 늙었다고 마음 까지 늙을 필요는 없다,
몸과 마음은 단련하는 만큼 성장한다

허둥지둥

266.

나물이 입맛을 돋우는 것은 봄이 왔다는 신호이고
나물이 입에서 거칠어지는 것은
여름이 깊어지고 있다는 증거이다

허둥지둥

267.

말을 하기는 쉽지만, 말을 전달하기는 어렵다,
듣는 사람에 따라서 말이 변하기 때문이다

허둥지둥

268.

반찬가게가 성업하는 시대다.
자식이 만들어준 음식에는 온기가 있다

허둥지둥

269.

자신이 오를 수 없는 별은
그림이라고 생각하는게 좋을 때가 많다

허둥지둥

270.

달이라고 쉬어가고 싶지 않을까,
해라고 다리 무거울 때가 없을까

허둥지둥

2023년 1월 1일 제 1판 인쇄 발행

지 은 이 ｜ 이태규
펴 낸 이 ｜ 박종래
펴 낸 곳 ｜ 도서출판 명성서림

등록번호 ｜ 301-2014-013
주　　소 ｜ 04552 서울시 중구 삼일대로8길 17 3~4층(충무로 2가)
대표전화 ｜ 02)2277-2800
팩　　스 ｜ 02)2277-8945
이 메 일 ｜ ms8944@chol.com

값 10,000원
ISBN 979-11-92487-95-3

※ 잘못 만들어진 책은 바꿔드립니다.
　이 책 내용의 일부 또는 전부를 재사용하려면
　반드시 저작권자의 동의를 얻어야 합니다.